中国南阳汉画像石大全

第二卷

凌皆兵　王清建　牛天伟　主编

中原出版传媒集团
大地传媒

大象出版社
·郑州·

目录

南阳市区是南阳汉画像石墓发现最多、最集中的地区，本卷从中选录了12座典型画像石墓出土的画像234幅。下面对12座墓葬进行简单介绍。

草店汉画像石墓位于南阳市西南9公里的草店村，东临白河。1931年夏，白河泛滥，墓被水冲刷露出，墓顶已塌陷。墓中随葬器物尽被当地村民及驻军盗取一空。1932年，南阳学者孙文青先生对此墓进行了清理。它是南阳历史上经过具有考古学意义发掘的第一座汉画像石墓。此墓平面呈长方形，坐西向东，砖石混合结构。整个墓室由一前室和三主室组成。前室并列开设三个墓门，有六扇石门扉。主室门亦为并列三门，无石门扉。主室未清理，应是三个并列砖砌结构的墓室。该墓出土画像石共27块，雕刻画像44幅，本卷选录画像23幅。

东风机械厂汉画像石墓位于南阳市中心城区东北部信臣路南侧东风机械厂生活区，2001年12月进行考古发掘，墓葬时代应该在东汉中期。该墓为砖石混合结构，由墓道、墓门、前室、左右主室及左右侧室等部分组成，墓门方向为106°，平面形制呈长方形。墓室东西长4.64米（不含墓道），南北宽5.64米。该墓共有石材23块，其中画像石19块，雕刻画像30余幅，部分画面已模糊不清，本卷选录画像21幅。

军帐营汉画像石墓位于南阳市东北17公里的军帐营村。1966年3月，生产队社员在平整土地时发现该墓。该墓的时代应为东汉早期，砖石混合结构，由两前室和两后室组成。墓内12块石条中，除3块铺底石没有刻画像外，其他9块雕刻画像15幅，本卷收录画像11幅。

刘洼汉画像石墓位于南阳市卧龙岗街道刘洼

村。1986年7月，村民盖房时发现该墓。该墓为砖石混作，由二墓门、前室、二主室组成，平面呈"T"形，墓门向东。墓葬的年代应在西汉晚期。该墓用石条16块，除四门槛石，其他石条皆刻画像，但由于墓内积水造成剥落漫漶，部分画像模糊不清，其中的牛车画像在南阳汉画像石中属于首次发现。本卷收录画像8幅。

八一路汉画像石墓位于南阳市八一路与工业路交叉口西北部。2008年6月到2009年1月在该区域发掘了东周和汉代墓葬50座，其中M49（即该墓）为汉代画像石墓。该墓由二墓门、前室及后室组成，坐北朝南。墓室呈"T"形，为砖石混合砌筑，墓葬时代大约为王莽时期，共用石材25块，雕刻画像33幅，部分画像剥蚀脱落严重，局部画面残留有彩绘。本卷选录画像13幅。

高庙汉画像石墓位于南阳市宛城区高庙乡侯营村东北。1994年4月对该墓进行了发掘。该墓为纯石结构，时代应在东汉中晚期。墓室平面为长方形，南北长4.46米、东西宽2.93米，坐东向西，由墓道，墓门和南、北、中三室等五部分组成，并列三墓门。由于历史上多次被盗掘、破坏，部分石块已不存在。这次共清理出石头61块，含画像80

余幅，本卷收录画像48幅。

王寨汉画像石墓位于南阳市卧龙区石桥镇西2公里的王寨村。1973年3月，社员在村东100米处平整土地时发现该墓。墓为砖石结构，墓门向西，墓室东西长4.76米、南北宽2.26米，平面呈"T"形，由两墓门（有四门扉）、一前室、两主室和两侧室组成。墓葬时代应属东汉早期。该墓共有画像石20块，刻画像32幅，本卷收录画像16幅。

王庄汉画像石墓位于南阳市郊王庄村，1983年2月，村民在窑场挖土时发现。该墓为砖石混合结构，采用28块条石和大量小砖及花纹砖混合砌筑而成，分墓门、前室和主室三个部分。墓室平面呈长方形，墓室全长4.84米、宽1.50米。该墓的时代应当是魏晋时期，但所用画像石均是汉代的，属于一座"再葬画像石墓"。本卷选录画像14幅。

熊营汉画像石墓位于南阳市宛城区新店乡北1公里处的熊营村东头。1988年秋，当地农民在制砖取土时发现该墓。1989年4月，对该墓进行了清理发掘。该墓的时代应为东汉早期。该墓长4.54米、宽3.24米，方向206°，由门、前室、东西两主室组成。该墓为砖石结构，共使用22块石料，出土40幅画像，画面多有彩绘痕迹，本卷收录画像 16 幅。

英庄汉画像石墓位于南阳市宛城区新店乡英庄村。1982 年底，社员在取土时发现该墓。1983 年 4 月，对该墓进行了清理。该墓的时代不早于王莽时期、不晚于东汉初年。该墓为砖石结构，共出土 53 幅画像，本卷收录画像 40 幅。

石桥汉画像石墓位于南阳市卧龙区石桥镇东南 0.5 公里的台地上。1972 年 3 月，社员在平整土地时发现该墓，随后对该墓进行了清理。墓室坐西向东，砖石结构，时代为东汉早期。墓内共有画像石 17 块，刻有画像 28 幅，本卷收录画像 15 幅。

中建七局机械厂汉画像石墓位于南阳市中建七局机械厂院内，1995 年 3 月发现后对该墓进行了清理发掘。墓葬坐西向东，平面呈长方形，东西长 3.87 米，最大宽度 4.16 米。该墓为砖石混合结构，由墓道、墓门、前室、北主室、南侧室和中主室六部分组成，时代应在王莽时期。该墓葬共用石料 21 块，其中雕刻画面的 14 块，雕刻画像 22 幅，本卷收录画像 9 幅。

草店墓画像石

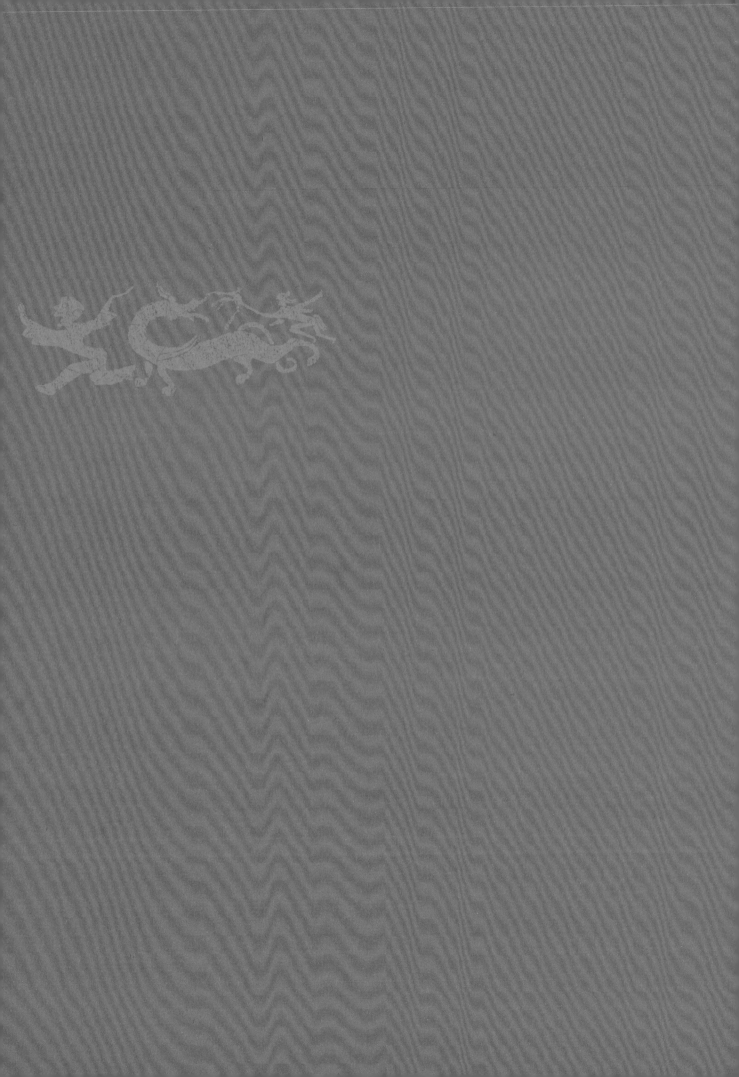

怪兽·侍女

46 cm×118 cm　中主室北门柱

画上部二兽，正面并蹲，高举双手，二目圆瞪，口吐长舌。画下为二执棒并列侍女。

骑射畋猎

155 cm × 40 cm 墓门南门楣石正面

画右一人骑马，其前一虎，被骑者追赶而逃；虎前有一人双手持长矛拦截。画左有二猎犬追赶一小鹿。

阳乌·星宿

127 cm ×26 cm　南隔梁下面

（上图）画左为阳乌；画右是星宿，其中有北斗七星。

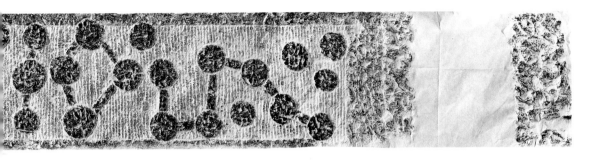

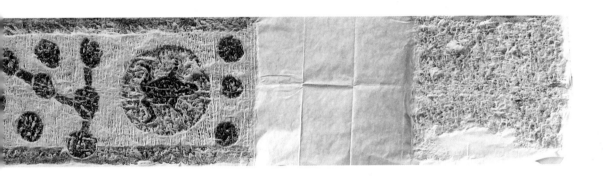

月·星宿

247 cm×33 cm　北隔梁下面

（下图）画左有二飞鸟；画中是星宿；画右刻月轮，月中有蟾蜍。

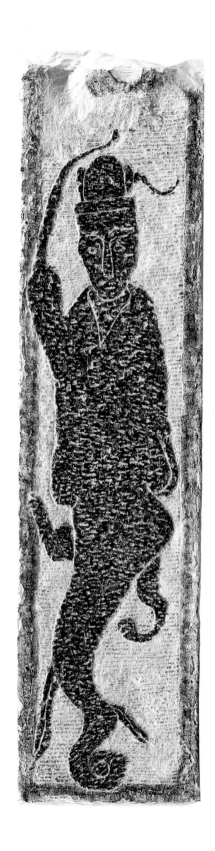

伏羲

30 cm × 119 cm　主室北面柱

画刻伏羲正面立，人身蛇尾，手持灵芝。

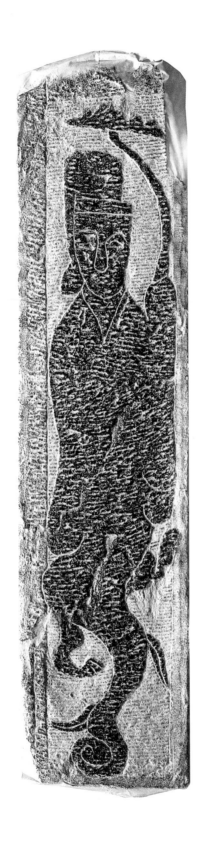

女娲

30 cm ×119 cm 主室南面柱

画刻女娲正面而立，人身蛇尾，手执灵芝，头梳发髻。

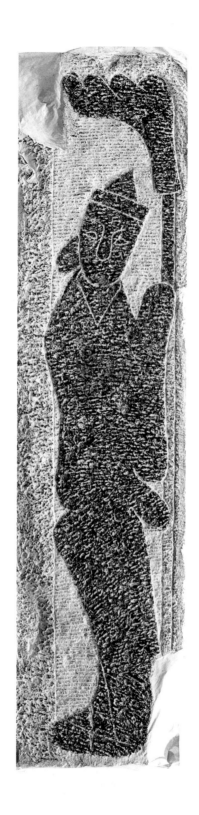

拥彗人物

33 cm × 119 cm　北门柱背面

画中一人物戴冠，着长袍，双手执彗，侧身侍立。

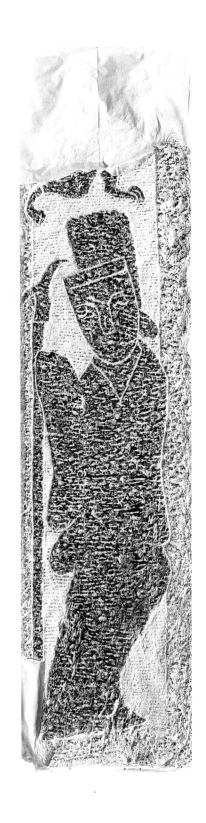

执戟人物

33 cm × 119 cm　北门柱正面

画中一人物戴冠，着长袍，双手执戟，侧身侍立。

执戟人物

33 cm×119 cm　南门柱正面

画中一人物戴冠，着长袍，双手执戟，侧身侍立。

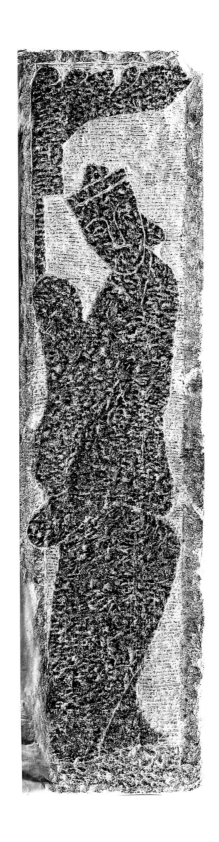

拥彗人物

33 cm×119 cm　南门柱背面

画中一人物戴冠，着长袍，双手执彗，侧身侍立。

白虎铺首衔环

40 cm×120 cm　北门正面

画上部刻白虎，张口翘尾；下部为铺首衔环。

执斧门吏

40 cm ×120 cm 北门背面

画刻一站立门吏，右手执斧头扛于肩上，二目圆睁，形象凶悍。

执盾门吏

31 cm × 129 cm　墓门中南柱正面

画上部刻一神鸟，圆腹，三角头，正面站立；下为一执盾门吏。

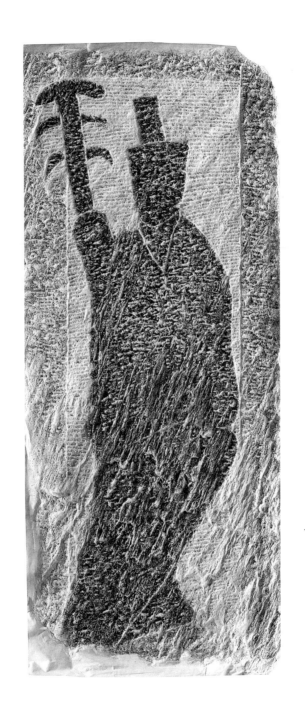

执节吏

44 cm × 119 cm　中门南扇背面

画刻一站立小吏，双手执节，节上部饰三重旄。

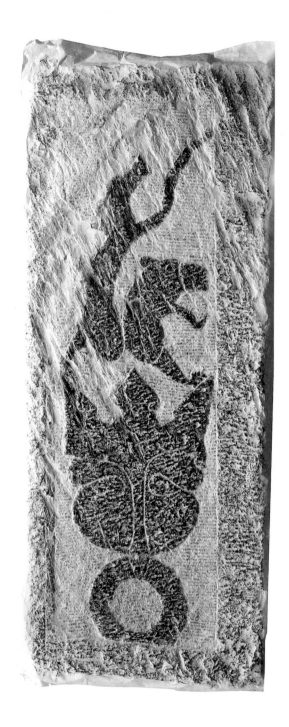

白虎铺首衔环

40 cm × 120 cm　中门南扇正面

画上部刻一白虎（左边漫漶），张口翘尾；下部为铺首衔环。

舞乐百戏

155 ㎝ × 34 ㎝　主室门楣南石

画中共9人，自左而右，第一人执棒立，第二人伏案坐，第三人弹琴，第四至第六人踞坐，第七人表演滑稽戏，第八人樽上倒立，第九人舒长袖而舞。

赏乐

162 cm × 42 cm　北主室门楣正面

画中九人。左四人，一人席地坐，一侍者执棒立，一人坐于榻上，一侍者持棒立，右手执便
面。右五人席地而坐，均为奏乐者，中间之人吹埙，其余四人均边吹排箫边摇鼗鼓。

鼓舞乐

137 cm × 43 cm 中主室门楣正面

画左踞坐三人，其中一人持槌敲击面前地上小鼓。中间二人共击一建鼓而舞，建鼓双首虎座，
上饰羽葆。右二人，一人持棒撞击镈钟，一人端坐，镈钟悬挂于巨型架上。

逐疫辟邪

155 cm×33 cm   墓门北门楣正面

画右一神兽回视张口，其后上方一羽人，手执一物戏神兽。画中一兽张口作奔驰状，其前一
怪兽，垂首夹尾蹲坐。画左一人双臂平伸，跨步向前奔走。

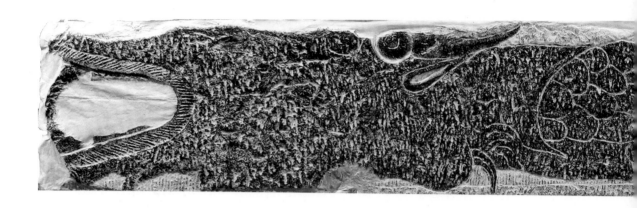

龙

247 cm × 33 cm　梁北面

（上图）画刻一龙，巨口大张，獠牙外露，肩生羽翼，作奔腾状。

（上图）画刻一龙，肩生羽翼，头大身小，张口露齿，短尾卷曲。

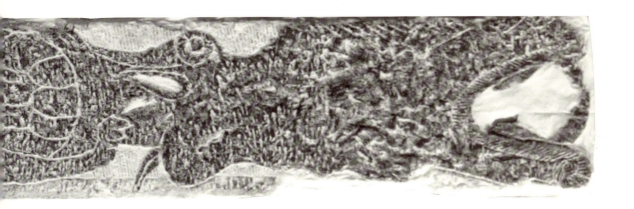

龙

247 cm × 33 cm　梁南面

（下图）画刻一龙，肩生羽翼，头大身小，张口露齿，短尾卷曲。

辟邪升仙

134 cm ×33 cm　中门楣正面

画左一人张臂向前狂奔，左手持一物；画中一羽人执仙草戏龙；画右一牛向前奔走。

虎兕斗

141 cm × 42 cm　中门楣背面

画刻一虎一兕，虎扬尾张口，口伸长舌，尖牙利齿作扑食状；右刻一兕，独角弯长，体生翅翼，弓背俯首作向前抵触状。画面上下刻连绵山峦。

东风厂墓画像石

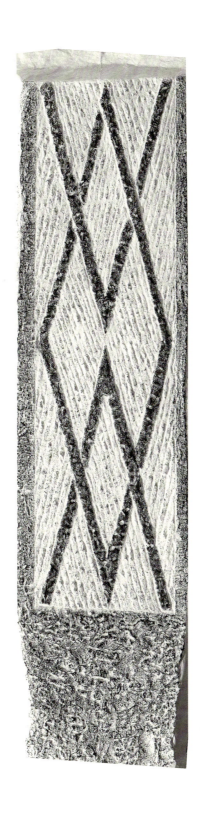

菱形套连图案

165 cm × 33 cm　南侧梁底面

菱形套连图案

164 cm ×32 cm　北侧梁底面

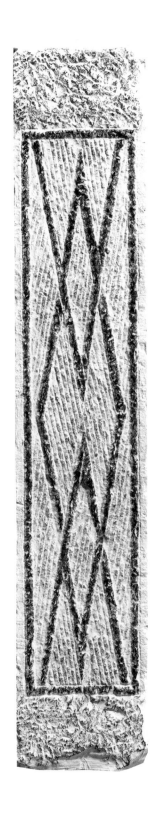

菱形套连图案

147 cm × 27 cm　主室门楣底面

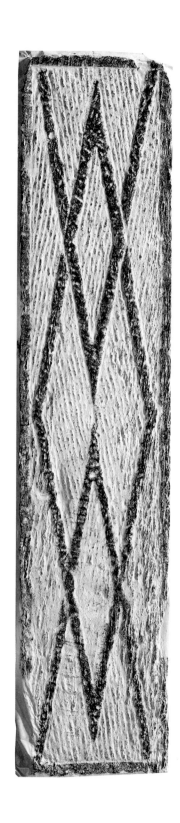

菱形套连图案

122 cm × 22 cm　主室门侧柱

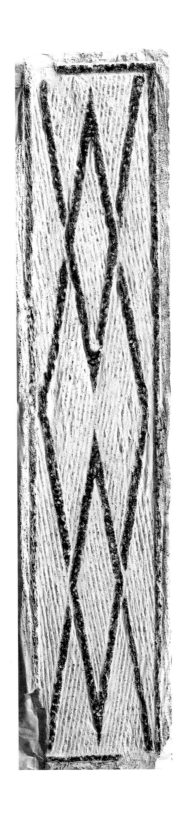

菱形套连图案

122 cm ×27 cm 主室门侧柱

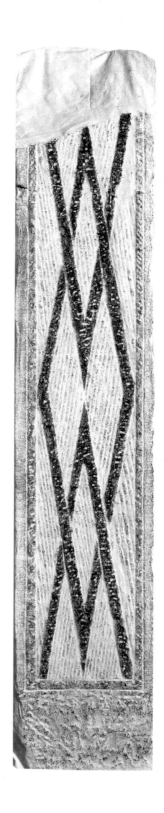

菱形套连图案

139 cm × 28 cm　主室门楣底面

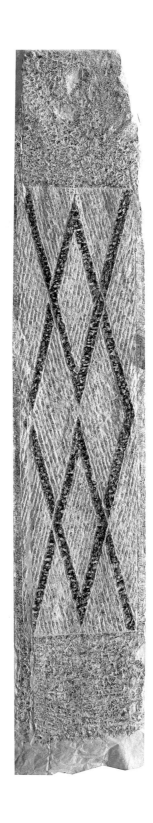

菱形套连图案

167 cm × 33 cm　中过梁底面

羽人驭龙

147 cm × 37 cm　主室门楣正面

画左刻独角瑞兽；中刻一马，昂首奋蹄奔跑；右刻一羽人驭龙。

踞坐观舞

167 cm × 43 cm 中过梁南侧

画左一人席地而坐，仰面张口，在观看表演；画中三人舞蹈，二女子一跪一立，甩长袖作舞，一男子似俳优，手抓一舞者长袖，作奔跑状；画右刻四人踞坐观舞，面前放置两个盛有食物的容器。

鼓舞

167 cm×33 cm　中过梁北侧

画中刻一兽座建鼓，羽葆飘扬，两侧各有一人，舒袖且鼓且舞。其余五人踞坐，以乐器伴奏。
画右上方一樽，樽上有勺。

画刻一熊，直立，张口。

熊

28 cm×40 cm　梁头端面

画刻一熊，直立，张口。

猴

29 cm × 42 cm   梁头端面

画刻一动物，似猴。

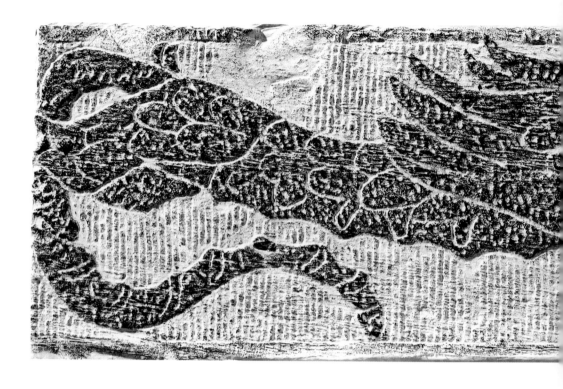

龙

164 cm × 42 cm　北侧梁南面

画刻一龙，头长两角，张口露牙，背上生翼，龙尾卷于身下。

画左刻一虎，张口奋爪；右刻一牛，勾头前抵。

牛虎斗

139 cm × 39 cm　主室门楣正面

画左刻一虎，张口奋爪；右刻一牛，勾头前抵。

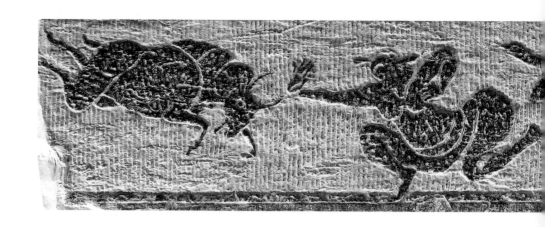

斗兽

189 cm×37 cm　墓门右门楣正面

（上图）画左刻一牛，作前抵状，一人与牛搏斗；中间刻一异兽，人面龙身，背上生翼，向
前狂奔，其前一鸟展翅飞翔；右边刻一怪兽，人面披发，身体粗短，前肢细长。

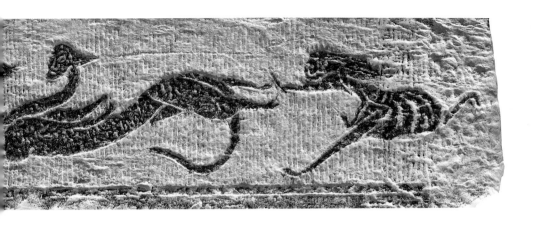

兽斗

193 cm×38 cm　墓门左门楣正面

（下图）画右刻一虎，纵身扬尾张口，扑向一熊，熊直立转身，伸臂仓皇抵御；中刻一兽，似狮，跃身腾蹄翘尾，向前猛扑；左刻一怪兽，俯首奋足逃遁。

牛虎斗

165 cm × 42 cm　南侧梁北面

画左刻一牛，扭身低头；右刻一虎，张口扬尾。

女娲

33 cm×122 cm 主室门侧柱正面

画刻人物为女娲，人首蛇身，头梳发髻，双手执一华盖。

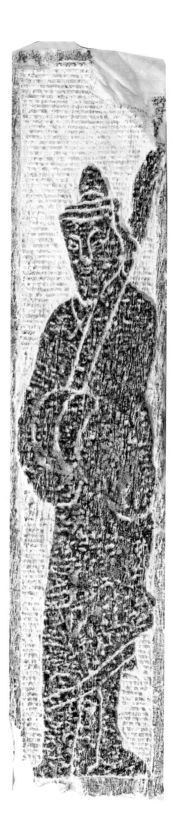

执金吾人物

27 cm × 122 cm　主室门侧柱

画刻一人，双手执金吾。

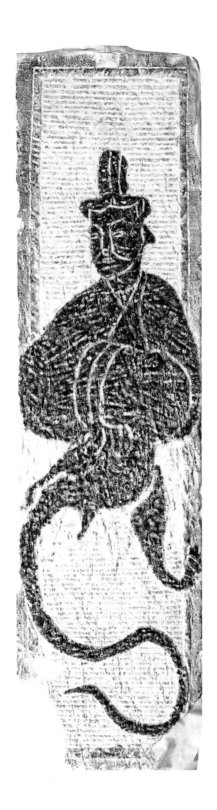

伏羲

32 cm×122 cm　主室门侧柱正面

画刻伏羲，人首蛇身，尾部卷曲。

侍女

27 cm × 122 cm　主室门侧柱正面

画刻一人，头梳发髻，着长衣。

〔军帐营墓画像石〕

正面一人执彗，上部刻一只展翅飞翔的朱雀，象征吉祥。

执彗人物

36 cm ×138 cm　墓门左侧柱背面

正面一人执彗，上部刻一只展翅飞翔的朱雀，象征吉祥。

画刻一个门吏，戴冠，身着长衣，执棨戟。

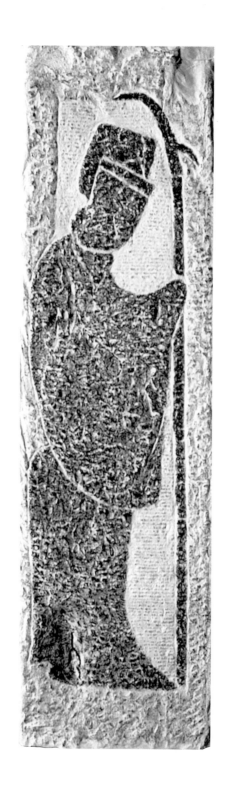

执棨戟门吏

35 cm ×133 cm　墓门左侧柱正面

画刻一个门吏，戴冠，身着长衣，执棨戟。

门吏

52 cm×138 cm　墓门中柱石背面

画刻二门吏，皆着长衣，戴前低后高的冠。一吏执笏，一吏执节，相向对拜。

伏羲女娲

52 cm × 138 cm　墓门中柱正面

画刻伏羲、女娲，上身均为人形，下露双兽足和蛇尾，手执灵芝，相向而立。二人之间以竖线间隔。

画刻二门吏，左侧门吏执节，右侧门吏执笏，相向对拜。

门吏

52 cm ×138 cm　主室中柱正面

画刻二门吏，左侧门吏执节，右侧门吏执笏，相向对拜。

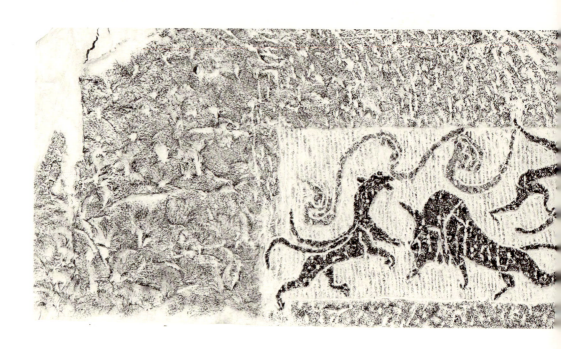

仙人戏虎戏飞廉

172 cm × 44 cm　墓门左门楣正面

画中一仙人执仙草戏虎，一仙人执仙草戏飞廉；画右一方士右手持一物似牛角，向前奔走；画左一牛与虎斗。

舞乐百戏

188 cm ×40 cm　石梁东侧

画中左起第一人作翘袖折腰舞，第二人在樽上作单手倒立，第三人赤膊跳跃，第四人击鞞鼓；其后三人席地坐；右边二人站立，可能是讴者（唱歌的人）。

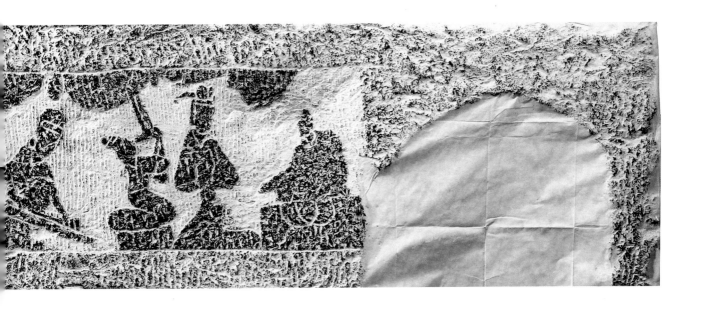

伎乐

188 cm × 40 cm　石梁西侧

画右一尊者坐于榻上，其前一女子跽坐，一人吹竽，一人鼓瑟；画左三女子站立，四女子席地坐，可能是讴者；画上有帷幔。

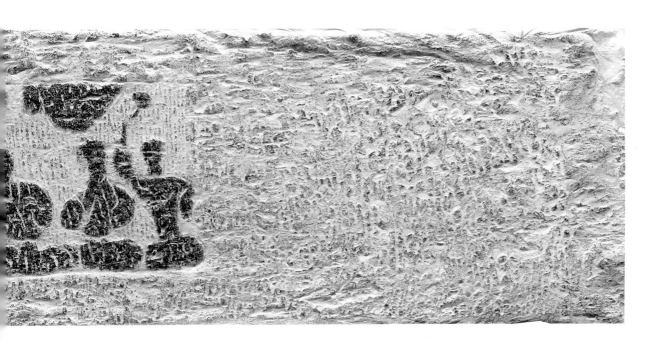

鼓舞

40 cm × 188 cm　门楣正面

画左刻一建鼓，上有羽葆，两人执桴击鼓作舞；画中有方架，架上挂大钟，一人踞坐击之；画右三人以乐器伴奏。

乘龙升仙

180 cm × 40 cm　门楣背面

画左一仙人乘于龙背，前有一仙人跪地，执灵芝面向龙；画中有一虎张口狂奔，其前一怪兽
垂首蹲坐于地；画右一牛向前奔走。空白处云气缭绕。

兽斗

136 cm×32 cm　右主室门槛石正面

画刻两兽，疑为兕，独角有翼，相互抵触。

刘洼墓画像石

龙头

180 cm × 40 cm　前室过梁北侧面

画刻一龙，仅有头颈，无身躯，伸颈张口，肩有翼。龙头的嘴、牙以及耳等部位为立体雕刻（深浮雕加透雕）。

搏击·斗牛

150 cm × 40 cm　南墓门门楣正面

画右刻一牛，低头纵身作猛抵状，一人与牛搏。画左两人，一人持矛猛刺；另一人徒手弓步，张开双臂，奋力搏斗。

二桃杀三士

173 cm×42 cm　北墓门门楣正面

画左刻二人，前一人双手捧笏跪地，后一人双手持节立，其身后一兽垂头夹尾，蹲卧于地；
画中摆放一高足盘，盘中置二桃；画右刻三武士，前者伸手取桃，中者右手前伸，左手执剑，
后者仰面张口，持剑欲刎颈。

牛车

173 cm ×42 cm　北墓门门楣背面

画刻两辆牛车，一前一后相随而行，前（右）车的乘者已经下车，站在车后，拱手迎接后车。
画面腐蚀漫漶严重。

画中刻星宿，或相连，或散布，大部分已经漫漶。

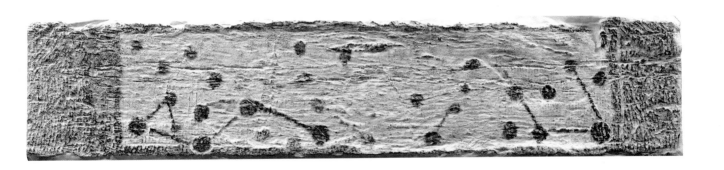

星宿

173 cm ×27 cm　北墓门门楣下面

画中刻星宿，或相连，或散布，大部分已经漫漶。

执棨戟门吏

20 cm × 150 cm　墓门南立柱正面

画上刻一朱鸟，展双翼欲飞；下刻一门吏，头戴前低后高冠，身着长袍，执棨戟侧身而立。

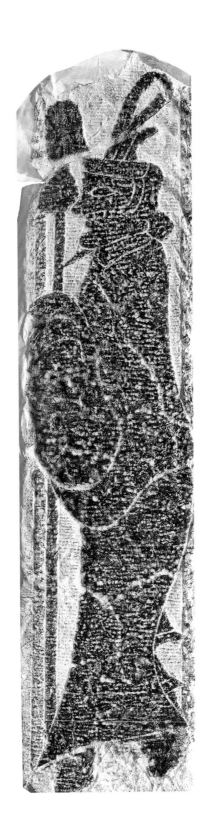

执节门吏

30 ㎝ ×150 ㎝　主室门北立柱正面

画刻一执节门吏，头戴尖顶冠，身着长袍，执节肃然而立。

蹶张

30 cm × 150 cm　主室中立柱正面（已调河南博物院）

画刻一武士，头梳高髻，两眼圆睁，口衔一矢，双足踏于弓上，双手用力上拉弓弦。

〔八〕路墓画像石

画中刻一建鼓，上有羽葆，鼓左右各一人执桴击鼓作舞。建鼓上残留有朱砂痕迹。

建鼓舞

158 cm ×40 cm　墓门东门楣背面

画中刻一建鼓，上有羽葆，鼓左右各一人执桴击鼓作舞。建鼓上残留有朱砂痕迹。

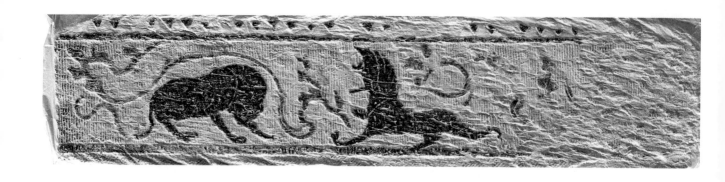

兽斗

144 cm ×42 cm　后室的东室门楣正面

画右刻一兽似狮子，张口，翘尾，作前扑状；画左一怪兽，垂首退缩。画间有云气纹。

熊·虎·羽人

158 ㎝ × 40 ㎝　墓门东门楣正面

画左刻一虎，头部稍残；中刻一熊，跨步，上肢平伸；右刻一羽人，手前伸，弓步。

兽斗

178 cm × 37 cm　墓门西门楣正面

画中刻一兽，似狮子，张牙舞爪，作扑食状；画左刻一异兽，垂首夹尾，蹲坐于地；画右刻
一牛，弓背垂首前抵。画间饰云气纹。

斗虎

178 cm × 37 cm　墓门西门楣背面

画左刻一人，跨步挥臂；右刻一虎，张牙舞爪，作奔走状。画中饰云气纹。

画刻一龙，有翼，头部双角，张巨口，瞪目。

应龙

190 ㎝ ×35 ㎝　前室过梁东侧

画刻一龙，有翼，头部双角，张巨口，瞪目。

翼虎

190 cm × 35 cm　前室过梁西侧

画刻一虎，有羽翼，张牙舞爪，作扑食状。

熊·羽人·龙

132 cm × 42 cm　后室的中室门楣正面

画左刻一熊，跨步，上肢平伸；中刻一羽人，双手各持一物，弓步；右刻一龙，有翼，头部
有双角，张巨口，瞪目，曲体回首，与羽人对峙。画中饰云气纹。

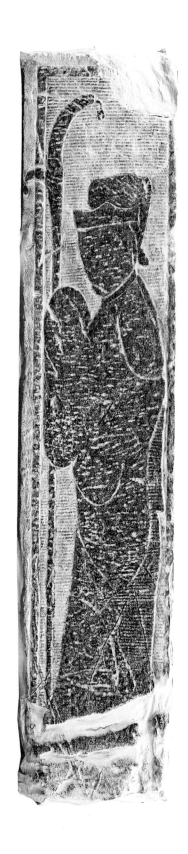

执棨戟门吏

31 cm ×149 cm　后室的东室东门柱正面

画刻一门吏，头戴前低后高冠，身着长衣，执棨戟，侧身而立。

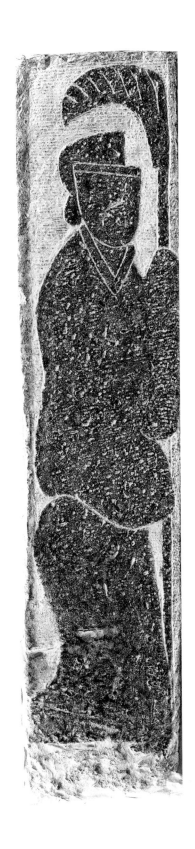

执彗人物

36 cm ×138 cm 墓门东门柱背面

画刻一门吏，头戴前低后高冠，身着长衣，双手执彗，侧身而立。

执熏炉侍女

33 cm×150 cm　墓西后室西门柱正面

画刻一侍女，头梳高髻，身着长衣，边插发簪，双手执熏炉而立。

执笏门吏

31 ㎝ ×149 ㎝　墓门西门柱背面

画上刻一熊，残缺；下刻一门吏，戴冠，着长袍，双手执笏，侧身而立。

执棨戟门吏

31 cm × 149 cm　墓门西门柱正面

画刻一门吏，头戴前低后高冠，身着长衣，执棨戟，侧身而立。

执棒吏

33 cm ×84 cm　柱石

画刻一吏，戴冠，着长袍，双手执棒侧立。

执笏吏

33 cm ×84 cm　梁柱

画刻一吏，戴冠，着长袍，双手执笏，侧身而立。

画刻一侍女，高髻，长袍，右手端一熏炉，左手持便面，侧身侍立。画中饰云气。

端熏炉侍女

33 cm ×84 cm 梁柱

画刻一侍女，高髻，长袍，右手端一熏炉，左手持便面，侧身侍立。画中饰云气。

端灯侍女

33 cm ×84 cm　梁柱

画刻一侍女，梳高髻，着长袍，双手端灯，侧身侍立。

提盒侍女

33 cm ×84 cm 柱石

画刻一侍女，戴冠，着长裙，手提圆盒，侧身而立。

捧奁侍女

33 cm ×83 cm　梁柱

画刻一侍女，梳高髻，着长袍，双手捧奁，侧身而立。

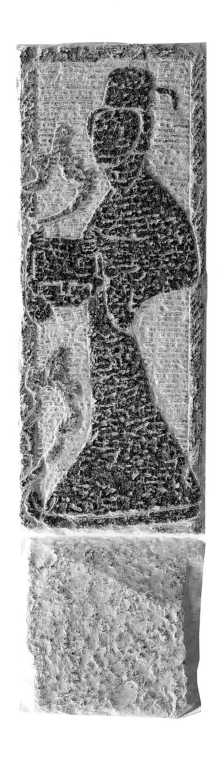

捧樽侍者

33 cm ×120 cm　柱石

画刻一女子，头梳高髻，髻边插簪，双手捧三足樽，长裙曳地，侧身而立。画左饰云气。

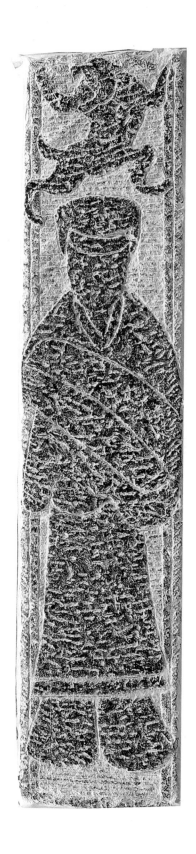

执盾吏

47 cm ×127 cm　门柱石

画上部刻一熊；下刻一吏，戴冠，着长袍，双手执盾，侧身躬立。

拥彗侍者

33 cm ×84 cm　柱石

画中刻一侍者，戴冠，着长袍，双手拥彗，侧身而立。

执棒吏

32 ㎝ ×83 ㎝　梁柱

画中刻一吏，戴冠，着长袍，右手执棒，左手提物，正面端立。

画中刻一侍女，梳高髻，着长袍，双手捧奁而立。

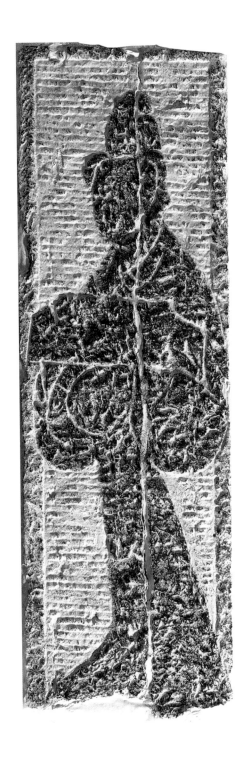

捧奁侍女

33 cm ×84 cm　梁柱

画中刻一侍女，梳高髻，着长袍，双手捧奁而立。

人物

44 cm ×127 cm　墓壁石

画刻一人物，戴平巾帻，上着宽袖长襦，侧立。

画刻一吏，戴冠，着长袍，双手执盾，侧身躬立。

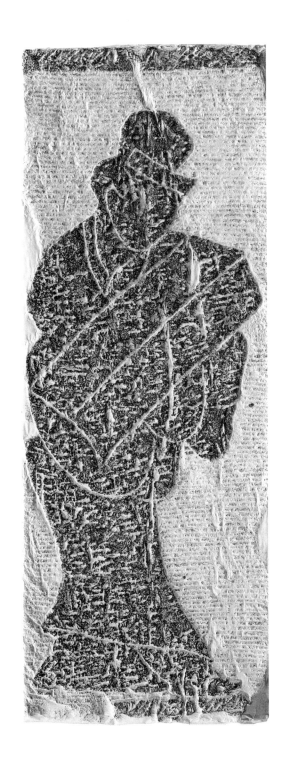

执盾吏

47 cm ×127 cm　墓壁石

画刻一吏，戴冠，着长袍，双手执盾，侧身躬立。

端灯人物

54 cm ×130 cm　墓壁石

画刻一人物，上着宽袖长襦，端灯侧立。

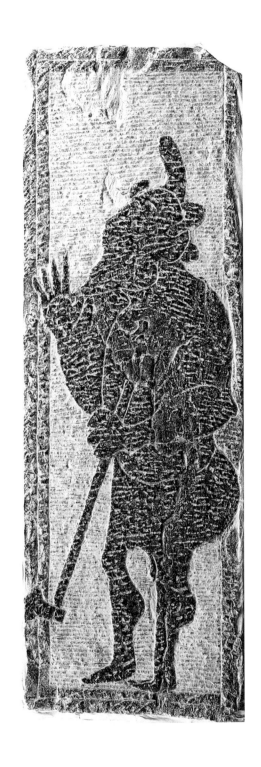

执钺神人

49 cm × 150 cm　门扉背面

画刻一神人，梳高髻，着长襦，赤腿足，一手执钺。

人物

33 cm ×84 cm　柱石

画刻一人物，着宽袖长衣，拱手正立。

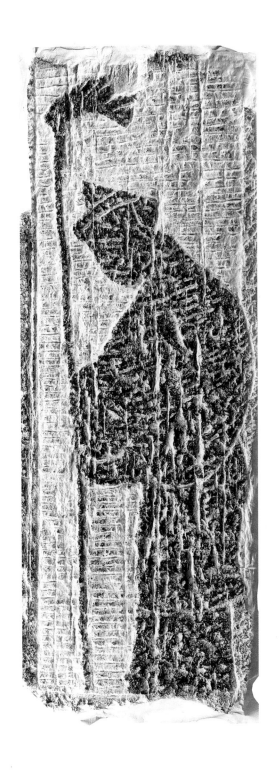

拥彗人物

31 cm ×84 cm　柱石

画刻一侍者，戴冠，着长袍，双手拥彗，侧身而立。

执棒吏

32 cm × 84 cm　柱石

画刻一人物，头梳发髻，双手执棒而立。

人物

33 cm ×84 cm   柱石

画刻一人物，着长衣，手中所持不知何物。

两侍女

135 cm ×76 cm　墓壁石

画刻两侍女，左一人回首，一手执金吾，一手执一长方形物；右一人捧奁，长裙曳地。画间饰云气。

画刻二人物，右边之人执熏炉，左边之人执棒。

人物

134 cm ×75 cm　墓壁石

画刻二人物，右边之人执熏炉，左边之人执棒。

侍者

88 ㎝ ×126 ㎝　墓壁石

画刻二人，左一人戴冠，着长袍，双手执盾，躬身而立；右一人戴冠，着长袍，双手执棒，
侧身而立。画中二人似一前一后。画间饰云气。

人物故事

93 cm×127 cm　墓壁石

画中六人，上层右侧之人向一武将行礼，武将身后一军士持枪躬身而立；下层左一人弓步握拳，另二人作侍迎状。画间饰云气。

画刻一虎，正向前行进。

虎

138 cm ×33 cm　隔梁石侧面

画刻一虎，正向前行进。

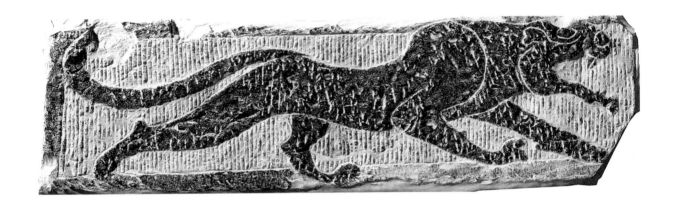

白虎

116 cm × 32 cm　隔梁石侧面

画刻一虎，张口，作前行状。

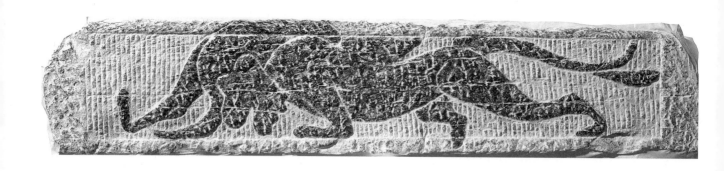

兕

122 cm × 23 cm　墓门下槛石

画中刻一兕，低首弓腰，奋足，作向前攻击状。

画刻一龙，昂首伸颈向前。

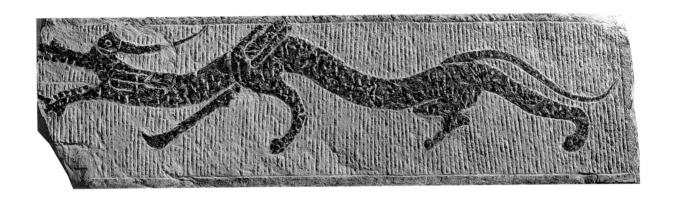

应龙

136 cm × 33 cm　隔梁石侧面

画刻一龙，昂首伸颈向前。

画中刻一龙，张口伸颈前奔。

应龙

142 cm ×31 cm　隔梁石侧面

画中刻一龙，张口伸颈前奔。

应龙·神兽

150 cm × 34 cm　隔梁侧面

画左刻一龙，曲颈扬尾，振翼腾飞；右刻一神兽，作奔走状。

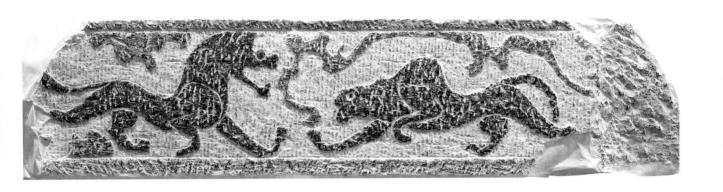

狮虎斗

150 cm ×31 cm　隔梁石侧面

画中左刻一狮，挺胸昂首，奋勇向前；右刻一虎，弓腰耸背，向前冲刺。

羽人戏龙

150 cm × 34 cm　隔梁侧面

画中左刻一龙，曲颈振翼，跨足向前，龙生四尾；右刻一羽人，右弓步，左手托物，递向龙口。画中饰云气。

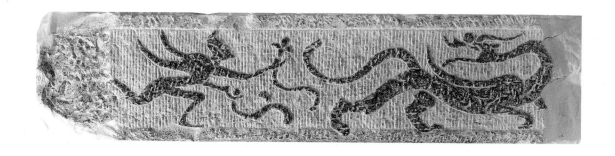

羽人戏龙

148 cm ×34 cm　隔梁石侧面

画中右刻一龙，曲颈振翼，跨足向前，作回首状；左刻一羽人，赤身裸体，右弓步，双手持芝草，递向龙口。

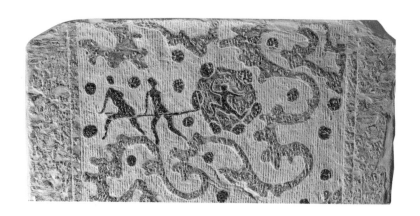

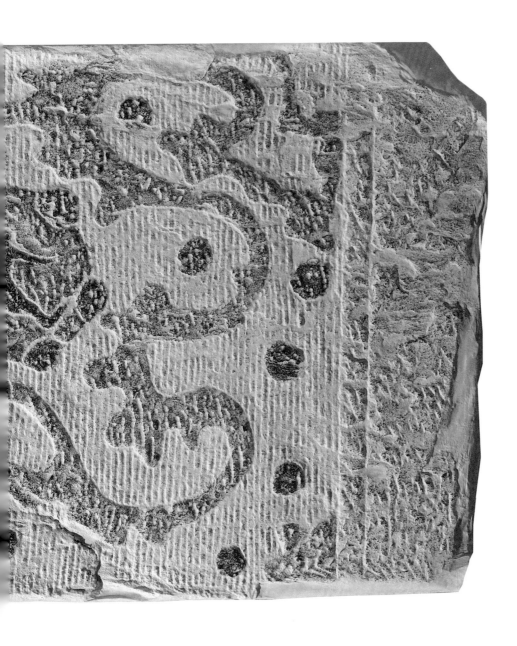

雷神击鼓

104 cm × 70 cm　中室盖顶石西端第一块

在画中心，六面小鼓相连为圆形，连鼓中间为雷神，雷神跨步振臂，作击鼓状；左有二人，
上肢前倾，跨步，后视，双手持索作牵引行走状，索与连鼓相连。周围环以星云，共有15颗星。

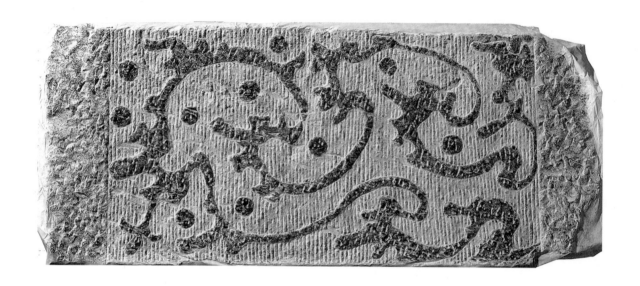

星云

105 cm ×66 cm　中室盖顶石西起第二块

画中共有 18 颗星，大小不一。其间饰云气。

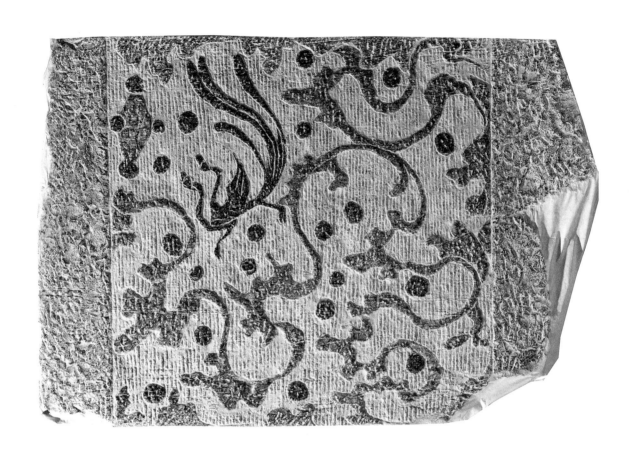

双首朱雀·星象

100 cm ×100 cm　南侧室盖顶石西端第一块

画中为一双首朱雀，朱雀昂首展翅，翘尾，作飞奔状，雀首左上方各有一星。画面左上角为
一菱形星图，四角为四星，中部刻出菱形。朱雀周围星云环拱，共有 19 颗星。

星云

105 cm×70 cm　中室盖顶石西起第三块

画中共 20 颗星，大小不一。其间饰云气。

星云

105 cm × 70 cm　北室盖顶石西起第一块

画中共有 16 颗星，大小不一。其间饰云气。

朱雀铺首衔环

49 cm × 150 cm　门扉正面

画上部刻一朱雀，曲颈展翅，尾羽上翘；下部为铺首衔环。

朱雀铺首衔环

53 cm × 157 cm　门扉正面

画上部刻一朱雀，展翅翘尾（头和腿部漫漶）；下部为铺首衔环。

庖厨

114 cm ×78 cm　墓壁石

画刻三人，右有一食案。右边人物长裙曳地，手托一碗；左边二人，各具情态。

鼓舞

136 cm ×42 cm　门楣石

画中置一建鼓，上饰羽葆，鼓两边各一人且鼓且舞；画左边一人跪坐吹竽；右边二人，一人吹排箫，一人吹埙。画中饰云气。

论剑

167 cm × 47 cm　门楣石

画中刻六人，两两相向，皆戴冠、着长袍。其中自左至右第一、三、四人佩长剑。各组中，其中一人正在演说，另一人似洗耳恭听。

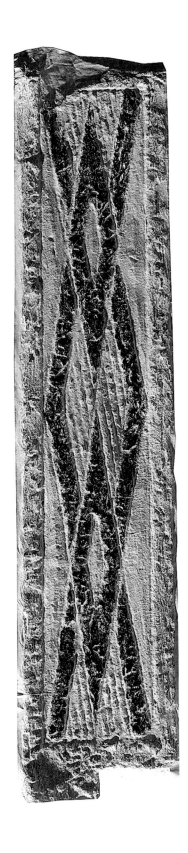

菱形套连图案

7 ㎝ ×47 ㎝　门柱石

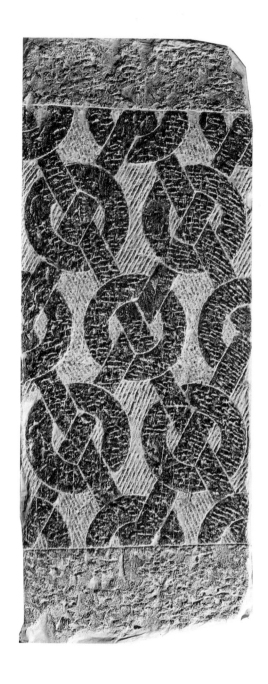

连续菱形套环

54 cm × 140 cm　墓顶石

菱形套连图案

32 ㎝ ×116 ㎝   隔梁石下面

连续菱形套环

54 cm ×138 cm　墓顶石

连续菱形套环

46 cm ×138 cm 盖顶石

菱形套连图案

53 cm × 157 cm　门扉背面

〔王寨墓画像石〕

猛兕

97 cm ×22 cm　主室门槛

画刻一猛兕，兕俯首弓颈作抵触之状。

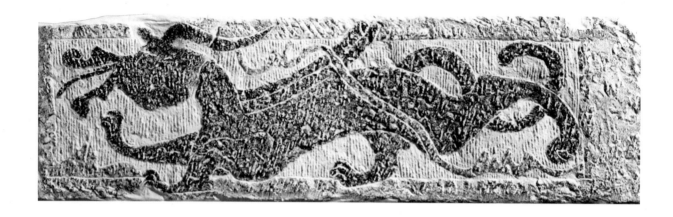

应龙

178 cm×40 cm　墓门南门楣

画刻一应龙，肩生双翼，双角向后，张口吐舌。

山神海灵

182 cm × 40 cm　墓门北门楣

画像右边一人，手执形似牛角之物奔走，其后的飞廉作回首之状，有一羽人，两手执物，飞步腾跃在飞廉背上，后有山峰高耸，其上有螣蛇绕一灵龟（玄武）；画左刻形体似马的神兽"疃疏"。

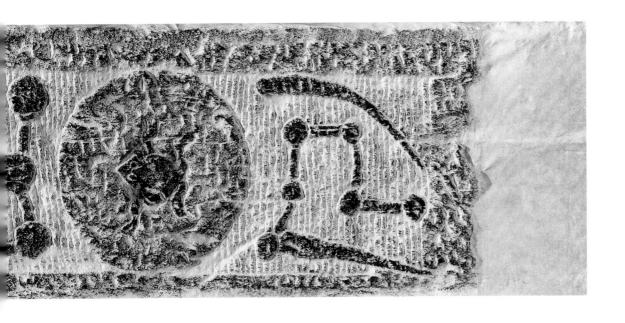

日月星宿

95 cm×27 cm 前室过梁下面

画像左边刻阳乌一只；右边刻一满月，月内刻蟾蜍；日月之间刻有六星，连线成"U"形。
在月亮右边又有六星相连，其上、下各刻一彗星，彗头向左，彗尾向右。

驱邪升仙

180 cm ×41 cm　墓门南门楣背面

画像下部刻饰群山，画中一熊两臂平伸回首，作奔走之状；画左刻一兽，似牛，驰逐而来，

曲颈奋角，作怒触之状；画右刻一夔龙，作回首奔走状。

画左刻一牛奔走，画中刻一狮子斗一怪兽，画右刻一羽人执灵芝向前飞奔。

驱邪升仙

180 cm × 41 cm　墓门南门楣正面

画左刻一牛奔走，画中刻一狮子斗一怪兽，画右刻一羽人执灵芝向前飞奔。

驱魔升仙

178 cm×40 cm　墓门南门楣

画下部山峦起伏，山顶有一柏树；画左一虎奔走，其前一兽与之相戏；画右山巅一猎犬截击一小鹿。

画左二人击建鼓作舞；画中一女子挥长袖而舞；画右三人以乐器伴奏。

舞乐

158 cm × 42 cm   主室右门楣正面

画左二人击建鼓作舞；画中一女子挥长袖而舞；画右三人以乐器伴奏。

舞乐百戏

158 cm ×42 cm 主室左门楣正面

画右二人击镈钟，镈钟悬于架子之上；画中四人表演节目，一人摇鼗，一人跳十二丸，一人
吐火，一人作滑稽戏；画左一女子跽坐。

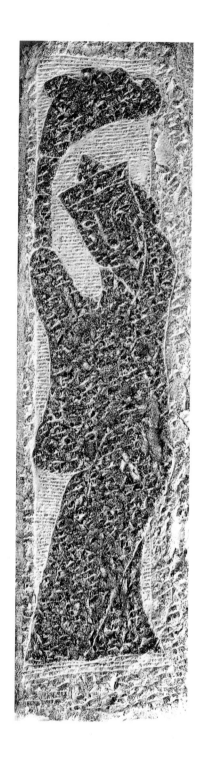

拥彗役隶

33 cm × 121 cm　墓门侧柱背面

画刻一拥彗役隶，戴尖顶冠，着宽袖长衣，俯首拥彗，躬身而立。

伏羲

36 cm×121 cm　主室南侧柱

画刻伏羲,人首蛇身,执灵芝一株,侧身而立。

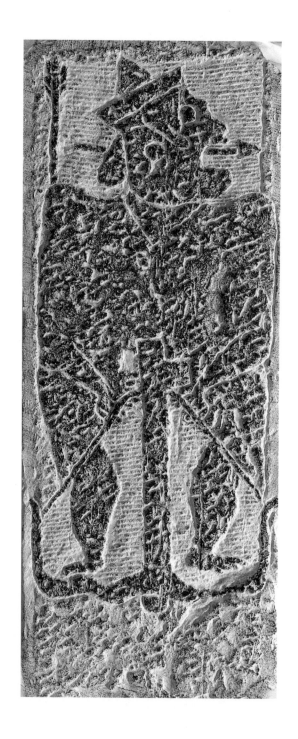

蹶张

34 cm × 80 cm　主室门中柱

画刻蹶张，着短衣短裤，竖眉鼓目，口衔一箭，双足踏弓背，两手用力拉弦往弩机上挂，形象凶猛异常。

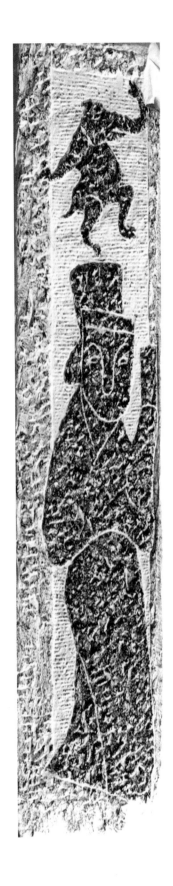

执笏门吏

33 ㎝ ×121 ㎝　墓门侧柱正面

画像上部刻一熊；下刻门吏，头戴前低后高冠，双手捧笏，侧身而立。

画刻伏羲，人首蛇身，执灵芝一株，侧身而立。

伏羲

36 cm×121 cm　主室南侧柱

画刻伏羲，人首蛇身，执灵芝一株，侧身而立。

拥彗役隶

33 cm × 121 cm　墓门侧柱背面

画刻一拥彗役隶，戴尖顶冠，着宽袖长衣，俯首拥彗，侧身而立。

执笏门吏

31 cm ×121 cm　墓门两侧柱

画像上部刻一熊；下刻门吏，头戴前低后高冠，身着宽袖长衣，双手捧笏，侧身而立。

〔王庄墓画像石〕

全砌筑在墙壁中间。

熊斗二兕

160 cm × 30 cm　主室东壁南立柱北侧面

画左右各刻头生一角、颈披毛的猛兕一只，兕作曲颈相抵之状。中间一熊力战二兕。该画完
全砌筑在墙壁中间。

二兕相斗

112 cm × 29 cm　墓门副门楣背面

画刻颈生披毛、头生一角二兕，作抵触之状。画幅倒嵌在门楣下边，二兕的足朝上，背向下。

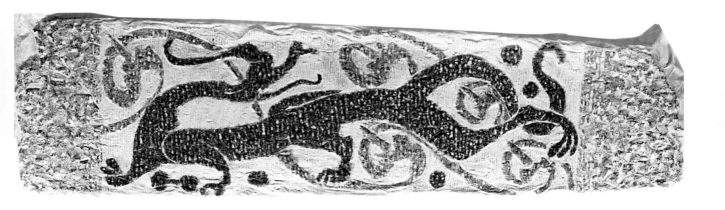

青龙

160 cm ×42 cm　盖顶石

画中刻绘青龙，曲颈回首作升腾之状。青龙胸下刻绘二星连线，应是角宿的属星天门星。龙身下及尾部均刻绘二星，但不知是何星名。龙身周围刻绘云气。

风雨

170 cm × 50 cm　盖顶石

画上部刻三神人共同曳引一车，以其头发后披看出行走疾速。车上一驭者双手挽缰，另一神人端坐车上。车轮以五星连线组成。在图画下部有四神人，头发皆披向一旁，怀中均抱一大口罐，罐口向下倾水行雨。画右有一巨神，赤身跽地，张口作吹嘘之状，此神应是风伯。画左上方有斜对四星。画下沿的中间有一星。

畋猎

163 cm×42 cm　主室门楣背面

画下刻山峰。左一人头戴平顶冠，右手提长戟，左手牵猛犬，追逐一只仓皇奔逃的小鹿，鹿下刻伏兔一只；右边一人单腿跪地，弯弓正要迎射奔鹿；画右一人乘骑注视这紧张的围猎场面。

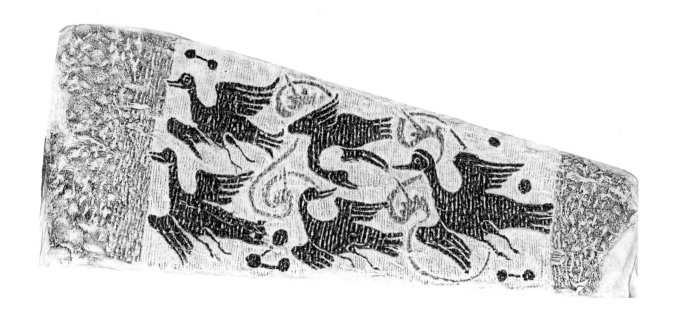

五鹄

168 cm ×65 cm　盖顶石

画中刻五只鸟，四前一后，展翅飞翔，据其形象应是古代被称为鹄（天鹅）的鸟。画左下角
一鹄的尾部有三星连线，右下角二星连线。左上角一鹄上部刻饰二星相连。空白处饰云气。

狩猎

167 cm×42 cm　主室东壁北假门门楣（已调河南博物院）

画下部山峦起伏，山间有一人挥手指挥两只猎犬追逐一只奔兔，另一只猎犬在兔前围堵。

白虎铺首衔环

53 cm ×136 cm　主室门扉正面

画上部刻一白虎，作昂首倒立之状；下部刻铺首衔环。

画中刻一人，戴冠，着长衣，双手拥彗，侧身而立。

拥彗人物

53㎝×136㎝　主室门东立柱正面

画中刻一人，戴冠，着长衣，双手拥彗，侧身而立。

舞乐百戏

157 cm×40 cm　主室西壁北假门门楣

画上部刻饰帷幕，左边一舞伎舒长袖翩翩作舞。其旁一人，头戴面具，大腹便便作滑稽表演。
滑稽者背后有一女子，头梳丫髻，腰如束丝，双手撑地作倒立之技。画右边五人为奏乐者，
其中一人踞坐鼓瑟；其余四人皆一手执桴，一手扶颊，踞坐作击鼓之状。

鼓舞

161 cm×40 cm　主室西壁南假门门楣正面

画右刻建鼓，上饰羽葆，两侧各有一人，双手各执一桴，边鼓边舞。鼓右之人下部漫漶。画中其余五人皆跽坐于地，自右至左，第一人左手执排箫吹奏，右手摇鼓；第二人吹埙；第三人亦为摇鼓吹箫者；第四人作拊手讴歌之状；第五人不知操何乐器。

河伯出行

170 cm ×50 cm 盖顶石（已调河南博物院）

画中四条大鱼曳引一车，车上华盖高竖，御者双手挽缰，河伯端坐车中，车轮为一缕环绕的云气。车前二神人拥盾举刀开道，车后二神人荷戟骑鱼随从，车左右各有一游鱼夹道护卫。有星云点缀画间空白处。

车骑出行

167 cm × 36 cm　主室东壁北假门门楣背面（已调河南博物院）

画左为八导骑，分前后两排，八骑吏均拥盾、持刀。画右三马驾一车，车上有华盖，车中乘
坐一御者、一尊者。

月神

64 cm ×159 cm　盖顶石（已调河南博物院）

画刻一女子，人首蛇身，双手举月轮于头顶，月中有蟾蜍。右上方和左下方各有二星相连。女子周围云气缭绕。

〔熊营墓画像石〕

菱形套连图案

26 cm ×150 cm　墓门中柱侧面

菱形套连图案

26 cm × 150 cm　墓门中柱侧面

连续菱形套环

26 cm ×150 cm   墓门中柱背面

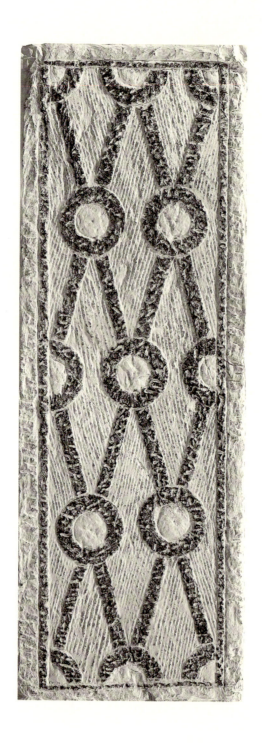

连续菱形套环

50 cm × 164 cm　西墓门东门扉背面

画刻伏羲女娲交尾，执华盖，拥日月。上部点缀套连双环。

伏羲女娲

31 ㎝ ×136 ㎝　主室门中柱正面

画刻伏羲女娲交尾，执华盖，拥日月。上部点缀套连双环。

拥彗门吏

26 cm × 150 cm　墓门中柱正面

画上刻两个套连圆环；下刻一门吏，戴冠，着长袍，双手拥彗，侧身而立。

画上刻两个套连圆环；下刻一门吏，戴冠，着长袍，双手执盾，侧身而立。

执盾门吏

38 ㎝ ×150 ㎝　东门柱正面

画上刻两个套连圆环；下刻一门吏，戴冠，着长袍，双手执盾，侧身而立。

格斗・斗兽

179 cm×40 cm　墓门西门楣正面（已调河南博物院）

画左二人，一人双手持矛刺向对方，另一人赤手空拳与之格斗；画右一人持矛刺虎。画间云气缭绕。

武士斗兽

190 cm × 40 cm　墓门东门楣

画左刻一熊，张牙舞爪；中部为一狮子，与另一怪兽作搏斗状；右刻一武士，左手伸掌击牛，右手持斧。画间饰云气纹。

异兽

183 cm × 36 cm　主室西门楣

画中共有四只肩生羽翼的神异之兽，或蹲坐，或行走，或狂奔。画间云气缭绕。

建鼓舞乐

199 cm × 32 cm   前室过梁东侧

画中部刻建鼓，鼓上饰羽葆，二人双手执桴，且鼓且舞。舞者两边各一人，双手捧一物，面向舞者侧立。左右两侧各两人，正在吹排箫伴奏。

舞乐

199 cm × 32 cm　前室过梁西侧

画中部靠左侧一人腿前弓，右拳冲出，左拳则收于腰际；靠右侧一人右手持一匕首，腿前弓，似在操练。画左侧两人跽坐，手拿排箫正在奏乐。画右侧两人跽坐，两手作舞蹈状。

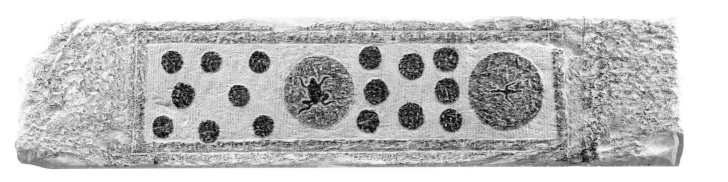

日月星辰

199 cm × 44 cm   前室过梁下面

画右侧一太阳，内有一飞鸟；中间为内有蟾蜍的月亮，月亮两侧各散布 8 颗星。

白虎铺首衔环

57 cm × 152 cm　东墓门西门扉正面（已调河南博物院）

画中为白虎铺首衔环，其上一人执索戏猴，其下一熊作舞蹈状，熊两旁各一柏树。

白虎铺首衔环

50 cm ×164 cm　西墓门东门扉正面

画上刻一白虎，昂首张口，弓背翘尾；下刻一熊、柏树、瑞草；中刻一铺首衔环。

白虎铺首衔环

53 cm×152 cm 东墓门东门扉正面（已调河南博物院）

画刻白虎铺首衔环，其下蹲坐二犬，其中一犬被拴在柱上。

英庄墓画像石

车为双辕，有轭，两轮。

耕车

175 cm × 42 cm　东主室东门楣背面

车为双辕，有轭，两轮。

渔猎

187 cm × 44 cm　墓门东门楣背面

画中层峦叠嶂，野兽出没；溪水之上架设长虹状的拱桥；二人泛舟中流，一人荡桨，一人弯
腰摆弄鱼罩；桥上两人各持一杆，两杆端有相连的长索，似象征大网。

画中一勇士正伸手争抢高足盘中的两个桃子，另外两个勇士正横剑自刎；画左个子最矮者当
为晏婴。

二桃杀三士

156 cm × 38 cm　墓门西门楣正面

画中一勇士正伸手争抢高足盘中的两个桃子，另外两个勇士正横剑自刎；画左个子最矮者当
为晏婴。

斗鸡

187 cm×44 cm   主室西门楣正面

画中刻一大伞，伞下有食物和酒；左右各一人伸臂唆使二鸡相斗，当为鸡之主人，其后各立
一人，均手执兵器，为随从侍者。

畋猎

158 cm ×41 cm　主室南隔梁东面

画左为层峦叠嶂的山峰，山右一人举毕网捕猎，二犬穷追三鹿，一人扬鞭催马紧随其后。山
左一人站立，左手前伸，右手执物扛于肩上，其下方停一辆无盖小车，可能是用来载猎物的。

画刻为武器库，有三弩三钺插立于兵器架上，另有两个盛放小件兵器的箱子。

武库

145 cm × 42 cm　主室北隔梁东面

画刻为武器库，有三弩三钺插立于兵器架上，另有两个盛放小件兵器的箱子。

女娲

45 cm ×138 cm　主室东门柱正面

画中刻女娲，人首蛇躯，头梳高髻，上身着襦，手执灵芝而立。

伏羲

41 cm×140 cm　主室西门柱正面

画中伏羲人首蛇身，手执华盖。

人物

41 cm×140 cm　主室门西柱东侧

画上刻一熊；下刻一人物，戴冠，着长袍，侧身站立。

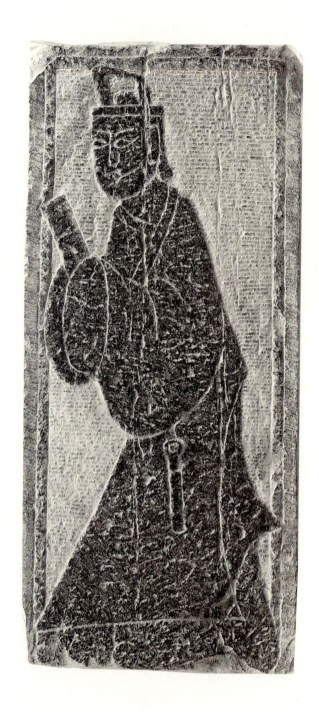

执笏门吏

45 cm ×98 cm　主室隔梁下南柱东侧

画中执笏门吏戴进贤冠，佩有书刀。

人物

45 cm ×98 cm　主室门中柱正面

画刻一人物，戴冠，着长袍，正面站立。

执笏门吏

45 cm × 98 cm　主室隔梁下南柱西侧

画中执笏门吏戴进贤冠，着长袍，侧身站立。

人物

42 cm ×160 cm　墓门西柱正面

画上刻一鸟；下刻一人物，戴冠，侧身站立。

捧盒侍女

43 cm ×98 cm　主室隔梁下北柱南侧

画刻一侍女，着长袍，束腰，双手捧盒而立。

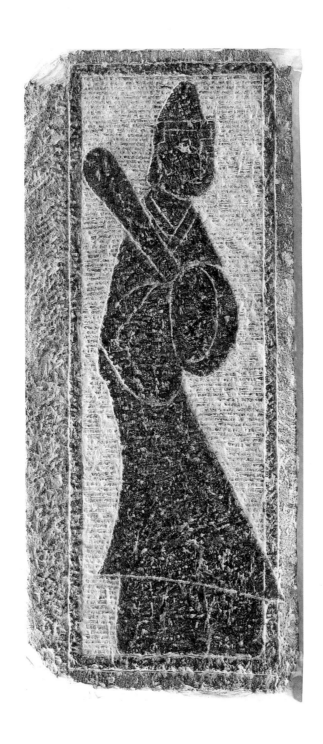

执棒武士

43 cm ×98 cm　主室隔梁下北柱西侧

画刻一武士，戴冠，着长袍，双手执棒，侧身站立。

执棒武士

43 cm ×98 cm　主室隔梁下北柱东侧

画中一武士戴冠，着长袍，双手执棒，侧身站立。武士被刻成张口露齿、环眼如铃的凶神恶煞相。

执棨戟门吏

39 ㎝ × 160 ㎝　墓门西柱正面

画上刻一凤鸟；下刻一门吏，戴冠，着长袍，双手执棨戟。

阙·奴婢

30 cm×160 cm　墓门中柱正面

画上刻一阙，阙上栖一凤鸟；下刻一奴婢双手捧盒而立。

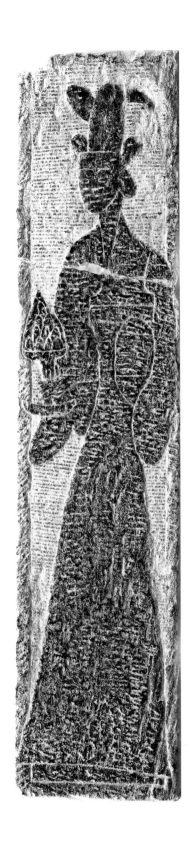

仕女

30 ㎝ ×160 ㎝   墓门中柱背面

画刻一高髻仕女，着长袍，束腰，手持一物端立。

朱雀铺首衔环

64 cm×161 cm　西墓门东门扉正面

画上刻朱雀，中刻铺首衔环，下刻菱形套连图案。

朱雀铺首衔环

54 cm ×164 cm　西墓门西门扉正面

画上刻朱雀，中刻铺首衔环，下刻菱形套连图案。

白虎铺首衔环

60 cm ×161 cm　东墓门东门扉正面

画上刻白虎，中刻铺首衔环，下刻菱形套连图案。

白虎铺首衔环

58 cm ×168 cm　东墓门西门扉正面

画上刻白虎，中刻铺首衔环，下刻菱形套连图案。

连续菱形套环

64 cm × 161 cm　西墓门东门扉背面

连续菱形套环

60 cm ×161 cm 东墓门东门扉背面

连续菱形套环

54 cm ×164 cm　西墓门西门扉背面

独角兽

179 cm ×37 cm　东主室门槛正面

画刻一兽，独角，有翼，长尾，作奔走状。

画刻一应龙，头生两角（右角残），肩生羽翼，纵身奋足，作飞腾状。

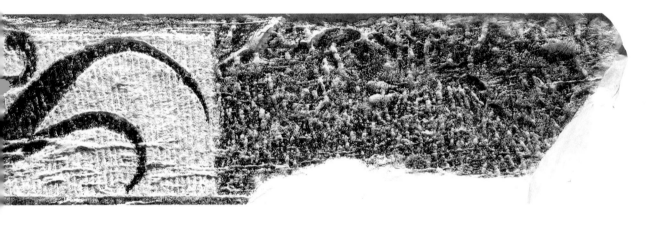

应龙

156 cm ×35 cm　前室上方过梁东侧面

画刻一应龙，头生两角（右角残），肩生羽翼，纵身奋足，作飞腾状。

伏羲女娲

156 cm × 34 cm　前室上方过梁下面

画刻伏羲女娲，人首蛇身，两尾相交，分别举着日轮、月轮。

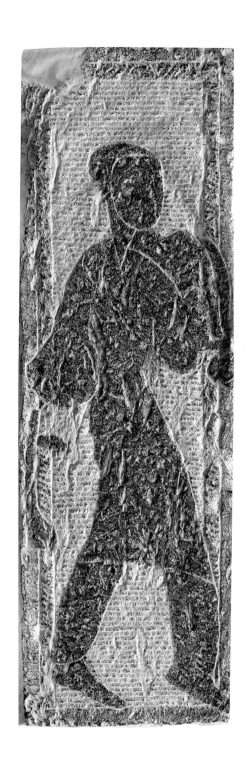

人物

33 ㎝ ×98 ㎝　主室隔梁中柱南侧

画刻一人，短衣长裤，下露两脚，头上发髻向后梳，左手拿一刀状物，右手提一物（不可辨）。

庖厨

46 cm ×98 cm　主室隔梁中柱西侧

画上刻一屋顶，屋顶下刻一几案，几案上置两大碗，下放两耳杯；下刻一人，脑后梳发髻，
身着短衣，正跨步在一桌前劳作。

庖厨

33 cm × 98 cm　主室隔梁中柱北侧

画上部刻一人，面前放一几案，其上悬挂肉串和猪腿；下部刻一人，正在灶前忙碌，左侧有
灶口（呈拱形），右侧有一高烟囱。

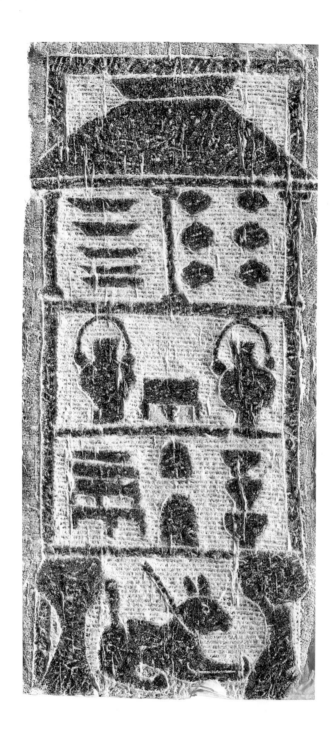

祭祀

46 cm ×98 cm　主室隔梁中柱东侧

画面分五层：第一层为一单檐屋顶；第二层为盘和耳杯；第三层两侧为提梁壶，中间为一樽；
第四层为叠案、石盒及碗；第五层为两棵树，树下卧一狗，狗脖上系一绳。

画刻一人，龇牙瞪眼，光头，戴帽，左手执大棒，右手执盾而立。

人物

32 cm × 138 cm　主室门东柱西侧

画刻一人，龇牙瞪眼，光头，戴帽，左手执大棒，右手执盾而立。

羽人戏龙

112 cm ×29 cm　前室上方过梁西侧

画左刻一羽人，脑后有飘发，肩生羽毛，跨步向前，一手伸向右侧之龙。

牵牛

187 cm × 44 cm　主室西门楣背面

画中一人左手挽缰，右手执鞭，牵一牛。

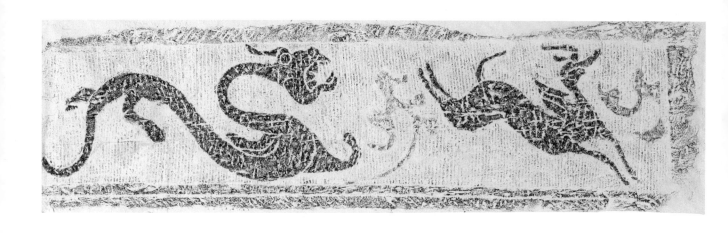

应龙·麒麟

156 cm × 38 cm　墓门西门楣背面

画右一兽飞奔，身似鹿，头生一角，肩生翼，疑为麒麟；画左一应龙，作追逐状。

武库

145 cm × 42 cm　主室北隔梁西面

画刻为武库，并排放置三盾、三戟、一棒。

画中二人击建鼓而舞；左二人吹排箫、摇鼗鼓伴奏；右二人一甩袖作舞，一踞坐执物。

鼓舞乐

187 cm × 44 cm　墓门东门楣正面

画中二人击建鼓而舞；左二人吹排箫、摇鼗鼓伴奏；右二人一甩袖作舞，一踞坐执物。

羽人·龙·神山

158 cm×41 cm　主室南隔梁西面

画左二龙并排向前奔驰，其前二羽人，下部之羽人面向龙，执高大的三珠树，上部羽人向右
躬身踞坐，臂前伸；画右山峦起伏，群兽奔驰，飞禽翱翔，山顶最高处站立一鸟。

石桥墓画像石

捧衣侍女

34 cm×117 cm　南主室门南侧柱正面

画刻一侍女，身着长衣，头梳高髻，双手捧衣而立。

执笏门吏

49 cm ×150 cm　北墓门北门扉背面

画刻一门吏，头戴平顶帽，身着长衣，双手执笏而立。

画刻一门吏，头戴前低后高冠，身着长衣，双手持棒而立。

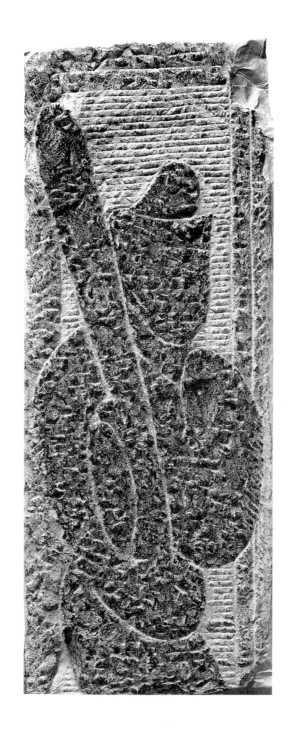

执棒门吏

33 cm ×118 cm 墓门北侧柱背面

画刻一门吏，头戴前低后高冠，身着长衣，双手持棒而立。

画刻一门吏，头戴前低后高朱色冠，身着长衣，执棨戟侧身而立。

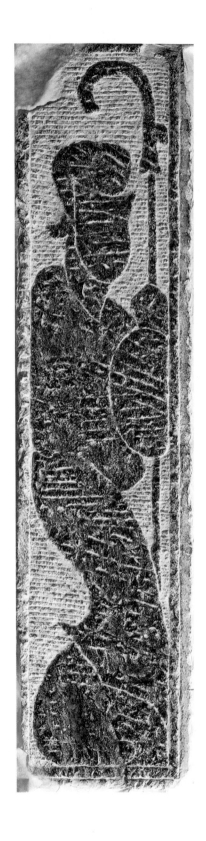

执棨戟门吏

33 cm × 117 cm　墓门两侧门柱正面

画刻一门吏，头戴前低后高朱色冠，身着长衣，执棨戟侧身而立。

画刻一门吏，头戴朱色冠，身着长衣，双手执盾而立。盾上敷土黄色，用黑色绘出两横行鳞纹。

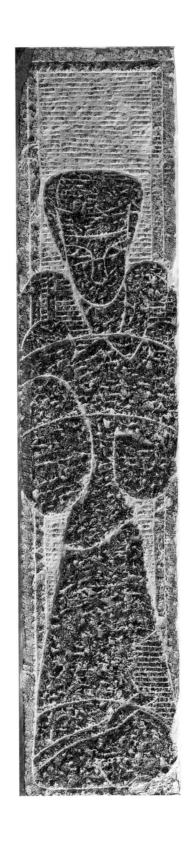

执盾门吏

26 cm×120 cm　墓门中柱正面

画刻一门吏，头戴朱色冠，身着长衣，双手执盾而立。盾上敷土黄色，用黑色绘出两横行鳞纹。

执棒门吏

33 cm×118 cm　墓门中柱背面

画刻一门吏，头戴前低后高冠，身着长衣，双手持棒而立。

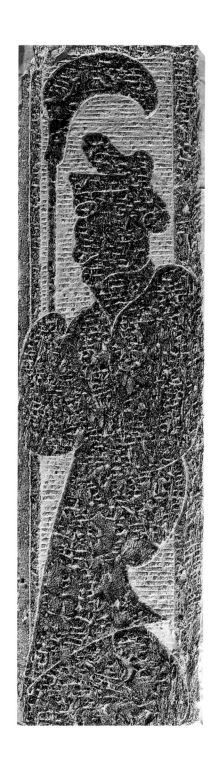

执彗门吏

33 cm ×118 cm　北主室门北侧柱正面

画刻一门吏，头戴前低后高冠，身着长衣，执彗而立。

侍女

33 ㎝ ×119 ㎝　主室门中柱正面

画刻一侍女，身着长衣，头梳高髻，长袖交错。

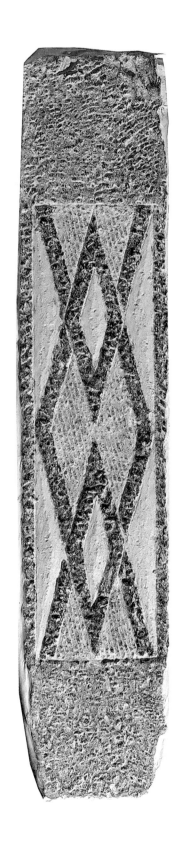

菱形套连图案

33 cm × 118 cm　墓门南侧柱背面

舞乐百戏

119 cm × 33 cm 北耳室门楣正面

画中为女伎，头梳高髻，作"踏拊"舞；左面一女伎在樽上单手倒立，另一女伎在一边伴舞；
右面三人伴奏，其中前一人击鞞鼓，后二人吹排箫。

画中飞廉独角，苍龙双翼。周围刻云气纹。

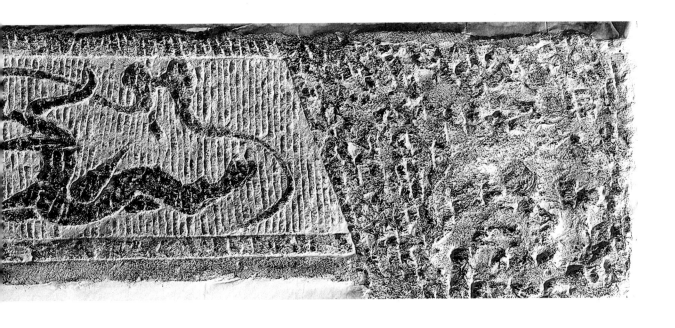

飞廉追逐苍龙

104 cm ×29 cm　北主室门楣正面

画中飞廉独角，苍龙双翼。周围刻云气纹。

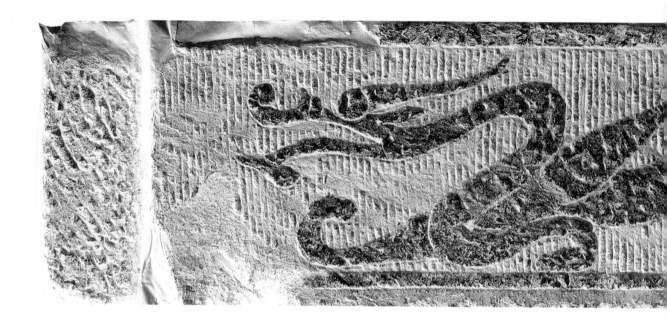

青龙

130 ㎝ ×32 ㎝　前室石梁北面

画刻一青龙，张口曲颈，生双翼。

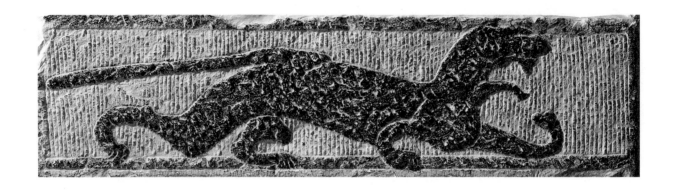

白虎

130 cm×32 cm　前室石梁南面

画刻一虎，形象生动。

画刻苍龙追鹿。上面饰云气纹。

苍龙追鹿

104 cm ×29 cm   南主室门楣正面

画刻苍龙追鹿。上面饰云气纹。

斗兽

155 cm × 40 cm　墓门南门楣正面

画左一兽蹲坐于地，中间一兽昂首扬蹄，作奔驰状。两兽通体着土黄色，并用黑色在兽身绘
出豹纹。画右一人，似戴面具，作斗兽姿态。此人衣涂土黄色，领口和襟沿用两条黑线作装饰。

中建七局机械厂墓画像石

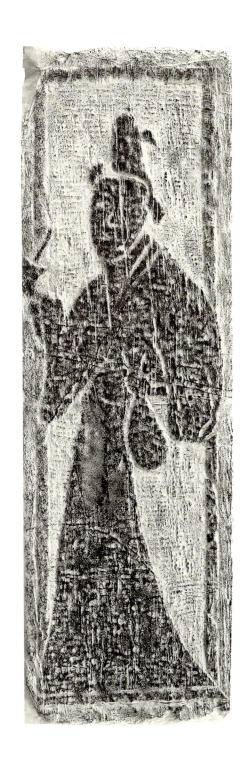

执灯侍女

31 cm ×97 cm　中门南柱西面

画中刻一侍女，头梳高髻，身着长袍，束腰，右手执灯，左手提香囊，侧身侍立。

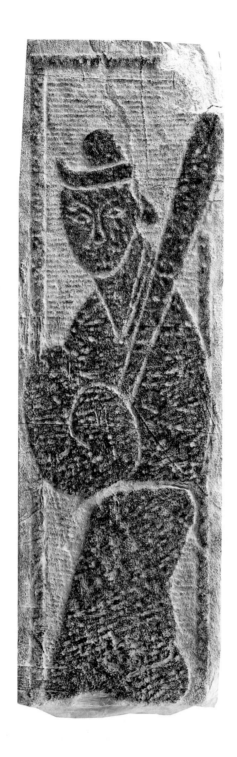

执棒门吏

31 cm × 97 cm 中门南柱北面

画中刻一门吏，头梳发髻，着长袍，双手执棒，躬身而立。

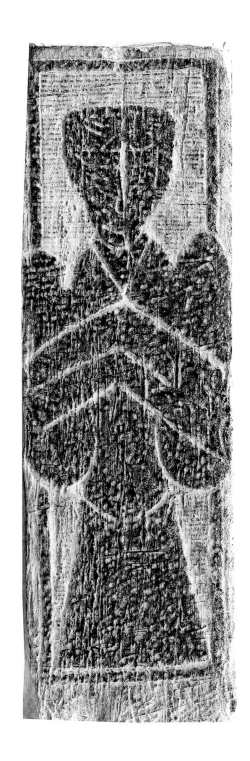

执盾门吏

31 cm ×97 cm　中门南柱正面

画中刻一门吏，戴冠，着长袍，束腰，双手执盾，正面端立。

持彗门吏

31 cm×97 cm　中门南柱

画中刻一门吏，戴冠，着长袍，束腰，双手持彗，侧身站立。

捧奁侍女

41 cm×128 cm 中主室门柱正面

画中刻一侍女，头梳高髻，身着长袍，束腰，双手捧奁，正面端立。

龙首

142 cm × 40 cm　前室过梁侧面

画中刻一龙首，巨口露齿，螺纹卷唇，有角有须，生双翼。

龙首

142 ㎝ ×40 ㎝　前室过梁侧面

画中刻一龙首，巨口露齿，螺纹卷唇，有角有须，生双翼。

格斗

126 cm × 40 cm　中门楣正面

画左刻一怪兽抵树；右刻二人正在格斗，其中一人前弓步，双手持枪，欲出击，另一人后弓步，赤手空拳，作抵挡状。画中饰云气。

斗兽

154 cm × 40 cm　北门楣正面

画中间刻一人，双手持长枪，向怪兽猛刺；右刻一神兽，四足腾空，向前奔跑。画中饰云气。